AF482821

ARTICLES

PARTICVLIERS EX-
TRAICTS DES GENERAVX QVE LE
Roy a accordez à ceux de la Religion
pretendue reformée, lesquels sa Maiesté
n'a voulu estre compris es Edicts generaux, ny en l'Edict qui a esté faict & dressé
sur iceux, donné à Nantes au mois de
May 1598.

ET NEANTMOINS ACCORDE SA-
dicte Maiesté qu'ils seront entierement accomplis,
& obseruez, tout ainsi que le contenu audit Edict,
Et à ces fins seront registrez en ses Cours de Parle-
ment & ailleurs où besoin sera, & toutes decla-
rations & lettres necessaires en seront expediees.

I.

L'Article sixiesme dudict Edict touchant la
liberté de conscience & permission à tous
les sujects de sa Majesté de viure & demeurer en
ce Royaume & pays de son obeyssance aura
lieu : Et sera obserué selon la forme & teneur,
mesmes pour les Ministres, Pedagogues, que
tous autres Professeurs & Maistres d'escole, &
generalement pour ceux qui sont & seront de
ladicte Religion, soient regnicoles ou autres,
en se comportant au reste, selon qu'il est porté
par ledict Edict.

II.

Ne pourront estre ceux de ladite Religion
contraincts de contribuer aux reparations &

A

conſtructions des Egliſes, Chappelles, & Pref-
biteres, ny à l'achapt des ornemens ſacerdo-
taux, luminaires, fontes de cloches, pain be-
niſt, droict de Confrairie, loüage de maiſon
pour la demeure des Preſtres & Religieux, &
autres choſes ſemblables, ſinon qu'ils y fuſſent
obligez par fondations, donations ou autres
diſpoſitions faictes par eux ou leurs autheurs &
predeceſſeurs.

III.

Ne ſeront auſſi contraincts de rendre & parer
le deuant de leurs maiſons aux iours des Feſtes
ordonnees pour ce faire : Mais ſeulement ſouf-
frir qu'il ſoit tendu, & par l'authorité des officiers des lieux, ſans que ceux de ladicte Religion contribuent aucune choſe pour ce regard.

IIII.

Ne ſeront pareillement tenus ceux de ladicte
Religion de réceuoir exhortations lors qu'ils ſeront malades ou prochains de la mort, ſoit par
condamnation de iuſtice ou autrement, d'autres que de la meſme Religion. Et pourront e-
ſtre viſitez & conſolez de leurs Miniſtres, ſans y
eſtre troublez. Et quant à ceux qui ſeront con-
damnez par iuſtice, leſdits Miniſtres les pourront pareillement viſiter & conſoler. Les viſi-
tans en la priſon y pourront faire les prieres : Et
hors ladicte priſon les aſſiſter & conſoler ſans
faire priere en public, ſinon és lieux où ledict e-
xercice public leur eſt permis par ledit Edict.

V.

Sera loiſible à ceux de ladite Religion de faire
ledict exercice public d'icelle à Pimpoul : Et

pour Diepe aux Fauxbourgs du Poulet : Et seront lefdicts lieux de Pimpoul, & du Poulet, or-
donnez pour lieux de Bailliages. Quant à San-
ferre fera ledit exercice continué comme eſt à
preſent, ſauf à l'eſtablir dans ladicteville, faiſant
apparoir par les habitans du conſentement du
Seigneur du lieu, à quoy leur ſera pourueu par
les Commiſſaires que ſa Majeſté deputera pour
l'execution de l'Edict. Pouruoiront auſsi leſdicts Commiſſaires à ceux de ladite Religion
des villes de Chaalons ſur Marne, Vaſſy, & Vi-
try le François: En leur permettant ledit exercice dans leſdictes villes ou faux bourgs d'icelles
pendant la guerre s'ils n'en peuuent iouyr en
ſeureté és lieux où ils le doiuent auoir par ledit
Edict. Sera auſsi ledict exercice libre & public
reſtabli dans la ville de Montagnac au bas Lan-
guedoc.

VI.

Sur l'article faiſant mention des Bailliages, a
eſté declaré & accordé ce qui s'enſuit. Premie-
rement, que pour l'eſtabliſſement de l'exercice
de ladicte Religion és deux lieux accordez en
chacun Bailliage, Senechauſſee, & gouuernement, ceux de ladicte Religion nommeront
deux villes, és fauxbourgs deſquelles ledict e-
xercice ſera eſtabli par les commiſſaires que ſa
Maieſté deputera pour l'execution de l'edict. Et
où il ne ſeroit iugé à propos par eux, nommeront ceux de ladicte Religion deux ou trois
bourgs ou villages proches deſdictes villes &
pour chacune d'icelles, dont leſdicts Commiſſaires en choiſiront l'vn : Et ſi par hoſtilité, con-

tagion, ou autre legitime empefchement, il ne peut eftre continué efdits lieux, leur en feront baillez d'autres pour le temps que durera ledit empefchement. Secondement qu'au gouuernement de Picardie ne fera pourueu que de deux villes, aux fauxbourgs defquelles ceux de ladite Religion pourront auoir l'exercice d'icelle pour tous les Bailliages, Senechauffees & gouuernemens qui en dependent. Et où il ne feroit iugé à propos, de l'eftablir efdittes villes, leur feront baillez deux bourgs ou villages commodes. Tiercement, pour la grande eftendue de la Senefchauffee de Prouence & Bailliage de Viennois, fa Majefté accorde en chafcun defdits Bailliages & Senechauffees vn troifiefme lieu, dont le chois & nomination fe fera comme deffus pour y eftablir exercice de ladicte Religion, outre les autres lieux où il eft defia eftably.

VII.

Ce qui eft accordé par ledit article pour l'exercice de ladicte Religion és Bailliages, aura lieu pour les terres qui appartiennent à la feu Roine Belle mere de fa Majefté, & pour le Bailliage du Beaujolois.

VIII.

Outre les deux lieux accordez pour l'exercice de laditte Religion par les articles particuliers de l'an mil cinq cens foixante dix-fept és Ifles de Marennes & Oleron, leur en feront donnez deux autres à la commodité defdicts habitans, fçauoir, vn pour toutes les ifles de Marennes, & vn autre pour l'Ifle d'Oleron.

5

IX.

Les prouisions octroyees par sa Majesté pour l'exercice de ladicte Religion en la ville de Mets, sortiront leur plein & entier effect.

X.

Sadite Majesté veut & entend, que l'article vingt-septiesme de son Edit, touchant l'admission de ceux de ladicte Religion pretendue reformee aux offices & dignitez, soit obserué & entretenu selon sa forme & teneur, nonobstant les Edicts & accords cy-deuant faicts pour la reduction d'aucuns Princes, Seigneurs, Gentils-hommes, & villes Catholiques en son obeyssance, lesquels n'auront lieu au preiudice de ceux de ladicte Religion, qu'en ce qui regarde l'exercice d'icelle. Et sera ledit exercice reglé selon & ainsi qu'il est porté par les articles qui s'ésuiuét, suiuant lesquels seront dressees les instructions des Commissaires que sa Maiesté deputera pour l'execution de son Edict, selon qu'il est porté par iceluy.

XI.

Suiuant l'Edict faict par sa Majesté pour la reduction du Sieur Duc de Guise, l'exercice de la Religion reformee ne pourra estre faict ny estably dans les villes & faux-bourgs de Reims, Rocroy, Sainct Disier, Guise, Ioinuille, Moncornet, & Ardannes.

XII.

Ne pourra aussi estre faict ez autres lieux ez enuirons desdites villes & places defendues par l'Edit de l'an mil cinq cens soixante & dix sept.

A iij

XIII.

Et pour oster toute ambiguité qui pourroit naistre sur le mot ez enuirons. Declare sa Majesté auoir entendu parler des lieux qui sont dans la banlieuë desdites villes, esquels lieux l'exercice de ladicte Religion ne pourra estre estably, sinon qu'il y fust permis par l'edict de soixante dix-sept.

XIIII.

Et d'autant que par iceluy l'exercice estoit permis generalement és fiefs possedez par ceux de ladite Religion, sans que ladite banlieuë en fust exceptee. Declare sadite Majesté que la mesme permission aura lieu, mesmes ez fiefz qui seront dedans icelle tenus par ceux de ladicte Religion, ainsi qu'il est porté par son Edit donné à Nantes.

XV.

Suiuant aussi l'Edit faict par la reduction du Sieur Mareschal de la Chastre en chacun des Baillages d'Orleans & Bourges, ne sera ordonné qu'vn lieu de Bailliage pour l'exercice de ladite Religion, lequel neantmoins pourra estre continué ez lieux où il leur est permis de le continuer par ledit Edict de Nantes.

XVI.

La concession de prescher ez fiefs aura pareillement lieu dans lesdits Bailliages en la forme portee par ledit Edict de Nantes.

XVII.

Sera pareillement obserué l'Edit fait pour la reductió du Sieur Mareschal de Bois-Dauphin. Et ne pourra ledit exercice estre fait ez villes,

faux-bourgs & places, amenées par luy au ſer-
uice de ſa Majeſté. Et quant aux enuirons ou
banlieuë d'icelles, y ſera l'Edit de l'an ſoixante
& dix ſept obſerué; meſmes és maiſons de fief,
ainſi qu'il eſt porté par ledit Edict de Nantes.

XVIII.

Ne ſe fera aucun exercice de ladite Religion
ez villes, & faux-bourgs & chaſteau de Mor-
lais ſuiuant l'Edict fait dela reduction de lad. ville : & ſera l'Edict de ſoixante dix-ſept obſerué
au reſſort d'icelle, meſmes pour les fiefs ſelon
l'Edict de Nantes.

XIX.

En conſequence de l'Edict pour la reduction
de Quinpecorantin ne ſera fait aucun exercice
de laditte Religió en tout l'Eueſché de Cornoü-
aille.

XX.

Suiuant auſſi l'Edict fait pour la reduction de
Beauuais, l'exercice de ladite Religion ne pourra eſtre faict en ladicte ville de Beauuais ny trois
lieuës à la ronde : Pourra neantmoins eſtre faict
& eſtably au ſurplus de l'eſtendue de Bailliage
aux lieux permis par l'Edict de ſoixante dix ſept,
meſmes ez maiſons de fiefs, ainſi qu'il eſt porté
par l'edict de Nantes.

XXI.

Et d'autant que l'Edict faict pour la reduction
du feu ſieur Admiral de Villars n'eſtoit que pro-
uiſionnel, & iuſque à ce que par le Roy en euſt
eſté autrement ordonné, ſa Majeſté veut & entend que nonobſtant iceluy, ſon Edit de Nantes ait lieu pour les villes, & reſſorts amenez en

son obeiſſance par ledit ſieur Admiral, comme pour les autres lieux de ſon Royaume.

XXII.

En ſuitte de l'Edict faict pour la reduction du ſieur de Ioyeuſe, l'exercice de ladicte Religion ne pourra eſtre faict en la ville de Tholoze, faux-bourgs d'icelle, & quatre lieuës a la ronde, ny plus pres que ſont les villes de Villemur, Cerman & Iſle jordan.

XXIII.

Ne pourra auſſi eſtre permis ez villes Dallet, Fiac, Antiac & Monteſquiou, à la charge toutesfois, que ſi auſdites villes aucuns de ladite religion faiſoient inſtance d'auoir vn lieu pour l'exercice d'icelle : leur ſera par les Commiſſaires que ſa Majeſté deputera pour l'execution de ſon Edit, ou par les Officiers des lieux, aſſigné pour chacune deſdites villes lieu commode & de leur accez, qui ne ſera eſloigné deſdites villes de plus d'vne lieuë.

XXIIII.

Pourra ledit exercice eſtre eſtably ſelon & ainſi qu'il eſt porté par ledit Edit de Nantes au reſſort de la Cour de Parlement de Tholoze, excepté toutesfois és Bailliages & Senechauſſees & leurs reſſorts, dont le ſiege Preſidial a eſté mené en l'obeyſſance du Roy par ledit Sieur Duc de Ioyeuſe, auſquels l'Edict de ſoixante dix ſept aura lieu : Entend toutesfois ſadite Majeſté que ledit exercice puiſſe eſtre continué és endroicts deſdicts Bailliages & Seneſchauſſees où il eſtoit du temps de ladite reduction : Et que la confeſſion d'iceluy és maiſons de fief ait lieu

dans

dans iceux Bailliages & Senechauffees, felon qu'il eft porté par ledit Edit de Nantes.

XXV.

L'Edict fait pour la reduction de la ville de Dijon fera obferué, fuiuanti celuy ny aura autre exercice de Religion que de la Catholique, Apoftolique & Romaine en ladite ville & faux-bourgs d'icelle, ny quatre lieuës à la ronde.

XXVI.

Sera pareillement obferué l'Edict faict pour la reduction du Sieur Duc de Mayenne, fuiuant lequel ne pourra l'exercice de ladite religion pretendue reformee eftre fait ez villes de Chaalon, Seurre, & Soiffons Bailliage dudit Chaalon & deux lieues ez enuirons de Soiffons durant le temps de fix ans, à commencer au mois de Ianuier mil cinq cens quatre vingt feize, paffé lequel temps y fera l'Edict de Nantes obferué comme aux autres endroicts de ce Royaume.

XXVI.

Sera permis à ceux de ladite Religion de quelque qualité qu'ils foient, d'habiter, aller & venir librement en la ville de Lyon, & aux autres villes & places du gouuernement de Lyonnois: Nonobftant toutes defenfes faictes au contraire par les Sindicqs & Efcheuins de ladite ville de Lyon & confirmees par fa Maiefté.

XXVIII.

Ne fera ordonné qu'vn lieu de Bailliage pour

l'exercice de ladicte Religion en toute la Senefchauffee de Poictiers, outre ceux où il eſt à preſent eſtably : Et quant aux fiefs, ſera ſuiuy l'Edict
de Nantes, ſera auſſi ledit exercice continué
dans la ville de Chauuigny.

XXIX.

Ne pourra ledit exercice eſtre eſtably dans les
villes d'Agen & Perigueux, encores que par
l'Edit de ſoixante dix-ſept il y peut eſtre.

XXX.

Ny aura que deux lieux de Bailliage pour l'e-
xercice de ladite Religion en tout le gouuernement de Picardie, comme il a eſté dict cy-deſſus :
Et ne pourront leſdits deux lieux eſtre donnez
dans le reſſort du Bailliage & gouuernement
reſeruez par les edicts faicts ſur la reduction
d'Amiens, Peronne, Abbeuille : Pourra toutesfois ledit exercice eſtre fait ez maiſons de
fiefs par tout ledit gouuernement de Picardie ſelon & ainſi qu'il eſt porté par l'Edict de
Nantes.

XXXI.

Ne ſera faict aucun exercice de ladite Religion en la ville & faux-bourgs de Sens, & ne ſera ordonné qu'vn lieu de Bailliage pour ledit e-
xercice en tout le reſſort du Bailliage, ſans preiudice toutesfois de la prouiſion accordee pour
les maiſons de fiefs, laquelle aura lieu ſelon
l'Edict de Nantes.

XXXII.

Ne pourra ſemblablement eſtre fait ledit

11

exercice en la ville & faux-bourgs de Nantes, &
ne sera ordonné aucun lieu de Bailliage pour ledit exercice à trois lieues à la ronde de ladite ville. Pourra toutesfois estre fait és maisons de
fiefs, suiuant iceluy Edict de Nantes.

XXXIII.

Veut & entend sadicte Maiesté que sondict E-
dict de Nantes soit obserué des à present en ce
qui concerne l'exercice de ladicte Religion és
lieux où par les Edicts ou accords faicts, pour la
reduction d'aucuns Princes, Seigneurs, Gentils-
hommes, & villes Catholiques il estoit inhibé
par prouision tant seulement, & iusques à ce
qu'autrement fust ordonné. Et quant à ceux où
ladite prohibition est limitee à certain temps,
passe le temps elle n'aura plus de lieu.

XXXIIII.

Sera baillé à ceux de ladite Religion vn lieu
pour la ville, preuosté, & vicomté de Paris, à
cinq lieues pour le plus de laditte ville, auquel
ils pourront faire exercice public d'icelle.

XXXV.

En tous lieux où l'exercice de ladite Religion
se fera publiquement, on pourra assembler le
peuple, mesme à son de cloche, & faire tous a-
ctes & functions appartenans tant à l'exercice
de ladicte Religion, qu'aux reiglemens de la
discipline, comme tenir Consistoires, Collo-
ques, & Synodes, Prouinciaux & Nationnaux
par la permission du Roy.

XXXVI.

Les Ministres, Anciens, & Diacres de ladite

Religion ne pourront estre contrainⳍs de res-
pondre en iustice en qualité de tesmoings pour
les choses qui auront esté reuelees, en leurs
Consistoires, lors qu'il s'agist de censures ecclesiastiques, sinon que ce fust pour choses concer-
nantes la personne du Roy, ou a la conserua-
tion de son estat.

XXXVII.

Sera loisible à ceux de la dite Religion, qui de-
meuré t aux champs, d'aller à l'exercice d'icelle
ez villes & faux-bourgs, & autres lieux où il sera
publiquement estably.

XXXVIII.

Ne pourront ceux de lad. Religiõ, tenir escolles
publicques, sinon és villes & lieux où l'exercice public d'icelle leur est permis: et les prouisions qui leur ont cy-deuant esté accordees
pour l'erection & entretenement des Colleges
seront verifiees où besoin sera, & sortiront leur
plein & entier effect.

XXXVIX.

Sera loisible aux peres faisans profession de
lad̃ct̃ Religion de pouruoir à leurs enfans de
tels educateurs que bõ leur semblera, & en sub-
stituer vn ou plusieurs par testament, codicille,
ou autre declaration passee par deuant Notai-
res, ou escrite & signee de leurs mains: demeurant les loix receues en ce royaume, ordonnances, & coustumes des lieux en leur force & vertu pour les donations & prouisions de Tuteurs
& Curateurs.

XL.

Pour le regard des mariages des Prestres & personnes religieuses qui ont esté cy-deuant côtractez, sadicte Majesté ne veut ny entend pour plusieurs bonnes raisons & considerations qu'ils y soient recherchez ne molestez, & sera sur ce imposé silence a ses Procureurs Generaux & autres Officiers d'icelle. Declare neantmoins sadicte Maiesté qu'elle entend que les enfans yssus desdicts mariages pourront succeder seulement ez meubles, acquests, & conquests immeubles de leurs peres & au defaut desdits enfans, les parens plus proches & habiles à succeder. Et les testamens, donations, & autres dispositions faites ou à faire par personnes de ladite qualité, des biens meubles, acquests, & conquests immeubles sont declarees bonnes & vallables. Ne veut toutesfois sadite Majesté que lesdicts Religieux & Religieuses profez, puissent venir à aucune succession directe ny collaterale, ains seulement pourront prendre les biens qui leur ont esté ou seront laissez par testament, donations, ou autres dispositions: Excepté toutesfois ceux desdites successions directes & collaterales. Et quant à ceux qui auront faict profession auant l'aage porté par les Ordonnances d'Orleans & Blois, sera suiuie & obseruee en ce qui regarde lesdictes successions, la teneur desdictes ordonnances chacune pour le temps qu'elles ont eu lieu.

B iij

XLI.

Sa Majesté ne veut aussi que ceux de ladite Religion qui auront cy-deuant contracté ou contracteront cy-apres mariage au tiers & quart degré en puissent estre molestez, ny la validité desdicts contracts reuoquee en doubte, ny pareillement la succession ostee ny querellee aux enfans nais ou a naistre d'iceux. Et quant aux mariages qui pourroient estre ja contractez en second degré, ou le second au tiers entre ceux de ladite Religion, se retirans deuers sa Majesté, ceux qui seront de ceste qualité, & auront contracté mariage en tel degré, leur seront baillees telles prouisions qui leur seront necessaires, afin qu'ils n'en soyent recherchez ny molestez, ny la succession querellee ny debattue à leurs enfans.

XLII.

Pour juger de la validité des mariages faicts & côtractez par ceux de lad. Religion, & decider s'ils sont licites, si celuy d'icelle Religion est defendeur, en ce cas le Iuge Royal cognoistra du faict dudict mariage, & où il seroit demandeur, & le defendeur Catholique, la cognoissance en appartiendra à l'Official & Iuges Ecclesiastiques, & si les deux parties sont de la Religion, la cognoissance en appartiendra aux Iuges Royaux: Voulant sadite Majesté, que pour le regard desdicts mariages & differents qui suruiendront pour iceux, les Iuges Ecclesiastiques & Royaux, ensemble les Chambres establies par son Edict en cognoissent respectiuement.

XLIII.

Les donations & legats faicts & à faire, soit par disposition de derniere volonté, à cause de mort, ou entre vifs pour l'entretenement de Docteurs, Escoliers, & pauures de ladite religion pretendue reformee, & autres causes pies, seront vallables & sortiront leur plein & entier effet, nonobstant tous iugemens, arrests, & autres choses à ce côtraires, sans preiudice toutesfois des droicts de sa Majesté & l'autruy, en cas que lesdicts legats & donations tombent en main morte: & pourront toutes actions & poursuittes necessaires pour la iouyssance desdicts legats, causes pies, & autres droicts, tant en iugement, que dehors, estre faictes par Procureur soubs le nom du corps & communuaté de ceux de l'Eglise, ou communauté de ladicte Religion, qui y aura interest, & s'il se trouue qu'il ait esté cy-deuant disposé desdictes donations & legats autrement qu'il n'est porté par ledit article, ne s'en pourra pretendre aucune restitution, que sur ce qui s'en trouuera encore en nature.

XLIIII.

Permet sa Maiesté à ceux de ladite Religion eux assembler par deuant le Iuge Royal, & par son authorité esgaler & leuer sur eux telle somme de deniers qu'il sera attribué estre necessaire pour estre employee pour les fraiz de leurs Synodes, & entretenement de ceux qui ont charge pour l'exercice de leur dite Religion, dont l'on baillera l'estat audict Iuge Royal pour

iceluy garder, la coppie duquel eſtat ſera en-
uoyée par ledit Iuge Royal de ſix en ſix mois à ſa
dite Maieſt é, ou à ſon chancelier, & ſeront les
taxes & impoſitions ſuſdits executoires, nonobſtant oppoſitions ou appellations quelconques.

X L V.

LEs Miniſtres de ladite Religion ſeront exem-
pts des gardes & rondes, loger des gens de
guerre, & autre aſſiette, & cuillette de taille,
enſemble des tutelles & curatelles, & commiſ-
ſions pour la garde des biens ſaiſis par authorité
de iuſtice.

X L V I.

EN cas que les Officiers de ſa Majeſté ne pour-
uoyent des lieux commodes pour les ſepulchres
de ceux de ladite Religion dans le temps porté
par l'Edit, apres leur requiſition, & qu'il ſoit
vſé de longueur & remiſe pour ce regard, ſera
loiſible à ceux de ladite Religion d'enterrer les
morts dans les Cimetieres des Catholiques aux
villes & lieux où ils ſont en poſſeſſion de le faire,
iuſques a ce qu'il leur ſoit pourueu. Et quant
aux pauures les enterremens de ceux de ladicte
Religion faicts par cy-deuant aux Cimetieres
deſdits Catholiques en quelque lieu ou ville
que ce ſoit, n'entend ladite Majeſté qu'il en ſoit
fait aucune recherche, innouation & pourſuitte, & ſera enioinct à ſes Officiers d'y tenir la
main. Pour le regard de la ville de Paris, outre
les deux Cimetieres que ceux de ladite Religion
y ont preſentement, à ſçauoir celuy de la Tri-
nité

nité & celuy de Sainct Germain , leur fera baillé
vn troifiefme lieu commode pour lefdictes
fepultures aux faux-bourgs S. Honoré ou Sainct
Denys.

XLVII.

Les prefidens & Confeillers Catholiques qui
feruiront en la Chãbre ordonnée au Parlement
de Paris , feront choifis par fa Maiefté fus le ta-
bleau des officiers dudit Parlement , & y feront
employez perfonnages equitables , paifibles &
moderez.

XLVIII.

Les Confeillers de ladite Religion pretendue
reformee qui feruiront en ladite Chambre affi-
fteront fi bon leur femble és procez qui fe vui-
deront par les Commiffaires , & y auront voix
deliberatiue, fans qu'ils y ayent part aux deniers
confignez , finon lors que par l'ordre & pre-
rogatiue de leur recéption ils y deuront affi-
fter.

XLIX.

Le plus ancien Prefident des Chambres my-
parties prefidera en l'audience, & en fon abfen-
ce le fecond , & fe fera la diftribution des procez par les deux Prefidens , ou alternatiuement
par mois ou par fepmaines.

L.

Aduenant vacation des officiers dont ceux de
ladicte Religion font ou feront pourueuz auf-
dictes Chambres de l'Edict , y fera pourueu de
perfonnes capables qui auront atteftation du
Sinode ou Colloque dont ils feront , qu'ils font

de ladicte Religion & gens de bien?

L I.

L'abolition accordee à ceux de ladite Religion
pretendue reformee par le l x x x i i i. Article dudict, aura lieu pour la prinse detous deniers Royaux, soit par ruptures de coffres, ou autrement,
mesmes pour le regard de ceux qui se leuoient
sur la riuiere de Charante, encores qu'ils eussent esté affectez & assignez à des particu-
lieres.

L I I.

L'article quarante sixiesme des Articles se-
crets faicts en l'annee mil cinq cens soixante
dix-sept, touchant la ville & Archeuesché d'A-
uignon & Comté de Venise, ensemble le trai-
cté fait à Nismes seront obseruez selon leur forme & teneur, & ne seront aucunes lettres de
marque en vertu desdits articles & traictez don-
nees que par lettres patentes du Roy, seellees
de son grand seau : Pourront neantmoins ceux
qui les voudront obtenir se pouruoir en vertu
du present article, & sans autre commission par
deuant les Iuges Royaux, lesquels informeront
des contrauentions, deny de iustice, & iniquité
de Iugement proposée par ceux qui desireront
obtenir lesdites lettres, & les enuoyeront auec
leurs aduis clos & scellez à sa Majesté, pour en
estre ordonné comme elle verra estre à faire par
raison.

L I I I.

Sa Maiesté accorde & veut que Maistre Ni-

colas Grimoult ſoit reſtably & maintenu au tiltre & poſſeſſion des Offices de Lieutenant general ciuil ancien , & de Lieutenant general criminel au bailliage d'Alençon , nonobſtant la
reſignation par luy faicte a Maiſtre Iean Mar-
guerit , reception d'iceluy , & la prouiſion obte-
nue par Maiſtre Guillaume Bernard de l'office
de Lieutenant general ciuil & criminel au ſiege
d'Axms, & les Arreſts donnez contre ledit Mar-
guerit reſignateur , durant les troubles , au Con-
ſeil priué ez années mil cinq cens quatre vingts
ſix , quatre vingt ſept , & quatre vingts-huict ,
par leſquels Maiſtre Nicolas Barbier eſt maintenu ez droits & prerogatiues de Lieutenant general ancien audict Bailliage , & ledit Bernard
audict office de Lieutenant à Axms , leſquels ſa
Maieſté a caſſez & annullez & tous autres à ce
contraires. Et outre ſadite Maieſté pour certaines
bonnes conſiderations , a accordé & ordonné
que ledit Grimoult remboursera dedans trois
mois ledit Barbier de la finance qu'il a fournie
aux parties caſuelles pour l'office de Lieutenant
general ciuil & criminel en la Vicomté d'Alençon , & de cinquante eſcus pour les frais , com-
mettant à ceſte fin le Bailly du Perche ou ſon
Lieutenant à Mortaigne & le rembourſement
fait, ou bien que ledict Barbier ſoit refuſant ou
dilayant de le receuoir , ſadicte Maieſté a defen-
du audict Barbier comme auſſi audit Bernard a-
pres la ſignification du preſent article de plus
s'ingerer en l'exercice deſdits offices à peine de
crime de faux. Et enuoye iceluy Grimoult en la

jouissance d'iceux offices & droits y appartenás:
Et en ce faisant les procez qui pendans estoient
au Conseil priué de sa Maiesté entre lesdits Grimoult, Barbier, & Bernard demeureront ter-
minez & assoupis, defendant sadite Maiesté aux
Parlemens & à tous autres d'en prendre cognoissance, & ausdites parties d'en faire poursuitte. Et outre sadicte Majesté s'est chargee
de rembourser ledit Bernard de mil escuz four-
nis aux parties casuelles pour iceluy office:& de
soixante escus pour le marc d'or & fraiz : Ayant
pour cet effect presentement ordonné bonne
& suffisante assignation de recouurement laquelle se fera à la diligence & fraiz dudict Grimoult.

L I III.

Sadite Maiesté escrira à ses Ambassadeurs de
faire instance & poursuitte pour tous ses suiects,
mesmes ceux de ladicte Religion pretendue reformee à ce qu'ils ne soyent recherchez en leurs
consciences ny subiects à l'inquisition, allans,
venans, sejournans, negotians & trafiquans
par tous les pays estrangers, alliez & confede-
rez de ceste Couronne, pourueu qu'ils n'offen-
sent la police des pays où ils seront.

D V.

Tous ceux de ladite Religion pretendue reformee qui sont demeurez titulaires des benefices
seront tenus les resigner dans six mois, à personnes Catholiques: Et ceux qui ont promesses des
pensions sur lesdicts benefices en serôt payez,&
le payement desdites pensiôs côtinué, serôt ceux

qui doiuent lesdites penſions contraints leur
payer les arrerages ſi aucuns y a, pourueu qu’ils
ayent actuellement iouy des fruicts d’iceux benefices, exceptés toutesfois les arrerages eſcheus
durant les troubles.

LVI.

Ne veut ſa Maieſté qu’il ſoit faite aucune recherche de la perceptiõ des impoſitions qui ont
eſté leuées à Royan en vertu du contract faict a-
uec le Sieur de Cambley & autres faictes en
continuation d’iceluy, validant & approuuant
ledit contract pour le temps qu’il a eu lieu en
en ſon contenu iuſqu’au huictieſme iour de
May prochain.

LVII.

Les excez aduenus en la perſóne d’Armã d Cour-
tines dans la ville de Milan en l’an M. D. LXXXVII.
de Iã Rames, & P. Singuret, enſemble les procedures faites contre-eux par les Conſuls dudict
Milan, demeurent abolies & aſſoupies par le
benefice de l’Edit, ſans qu’il ſoit loiſible à leurs
vefues & heritiers ny aux Procureurs generaux
de ſa Maieſté, leurs ſubſtituts ou autres perſonnes
quelconques d’en faire mention, recherches ny
pourſuitte, nonobſtant & ſans auoir eſgard à l’Ar-
reſt donné en la Chambre de Caſtres le dixieſ-
me iour de Mars dernier, lequel demeurant nul
& ſans effect, enſemble toutes les informations
& procedures faictes de part & d’autre.

LVIII.

Toutes pourſuittes, procedures, Sentences,
Iugemens, & Arreſts donnez tant contre le feu

Sieur de la Noue, que contre le Sieur Odet de la Noue son fils, depuis leurs detentions & prisons en Flandres, aduenues au mois de May mil cinq cens quatre vingt, & de Nouembre mil cinq cens quatre vingts quatre, & pendant leur continuelle occupation au faict des guerres & seruice de sa Maiesté demeureront cassez & annullez, & tout ce qui en est ensuiuy en consequence d'iceux: & seront lesdicts de la Noue receus en leurs defenses, & remis en tel estat qu'ils estoient auparauant lesdicts iugements & arrests, sans qu'ils soient tenus refonder les despens, ny consigner les amendes s'y aucunes ils auoient encourues, ny qu'on puisse alleguer contre eux aucune peremption d'instance ou prescription pendant ledict temps.

Faictes par le Roy en son Conseil à Nantes le deuxiesme iour de May, mil cinq cens quatre vingt dix huict.

ARTICLES PARTICV-

liers accordez au nom du Roy par ses deputez, enuoyez en la Conference de Loudun, à Monseigneur le Prince de Condé, et autres ioints auec luy, pour paruenir à la pacification des troubles, depuis veus, approuuez & ratifiez par sa Maiesté.

I. LE Roy veut & entend à l'exemple des Roys ses predecesseurs, que l'Eglise Gallicane soit conseruee en ses droits, franchise, libertez, & prerogatiues.

II. Ce qui a esté faict par le Clergé sur la publication du Concile de Trente, n'a estè approuué par sa Maiesté, aussi n'a-il eu aucune suitte & ne permettra point qu'il y soit encores rien faict cy-apres sans ny contre son authorité.

III. Encores que dans l'Edit il soit porté que toutes places qui ont esté prises de part & d'autres durant ces mouuemens: seront restituees & restablies entre les mains & en l'estat qu'elles estoient auparauant iceux. Neantmoins il a esté conuenu que le Chasteau de Leytoure sera mis entre les mains d'vn exempt des gardes du corps du Roy, ou autre, de la Religion pretendue re-

D

formée qui sera choisi par sa Majesté, pour le garder iusques à ce que le different qui est entre les sieurs de Fontrailles & d'Augalin, pour raison de la Capitainerie dudit Chasteau, soit iugé par sa Maiesté.

IV. L'article 17. de l'Edit de Nantes faict sur la pacification des troubles concernant l'admission indifferante de ceux qui font ou feront profession de la Religion pretendue reformee, à tous Estats, dignitez, offices, & charges publiques quelconques Royalles, Seigneuriales ou des villes, sera suiuy & obserué, & en ce faisant les sieurs de Villemereau Conseiller en la Cour de Parlement, & le Maistre Maistre en la Chambre des Comptes, seront admis en la fonction de leurs charges, comme ils estoient auparauant qu'ils eussent faict profession de ladite pretendue Religion reformée.

V. Les ministres de la Religion pretendue reformé iouyront de la grace & des exemptions à eux concedée par les lettres patentes du Roy, du quinziesme Decembre 1612.

VI. Les sieurs Durant, Louys & Gaufin seront restablis en la ville de Mets, ainsi qu'ils estoient parcy-deuant.

VII. Les habitans de la ville de Millau, & des villes, bourgs, & communautez du Compté de Foix qui se trouuerent à la prise du Chasteau de Camerade, comme aussi quelques particuliers de la ville de Nismes, iouyront de l'effect des abolitions qui leur ont cy-deuant esté octroyées pour aucuns crimes & excez y mentionnez, sans

qu'il foit befoin d'autre verification que l'enregiftrement qui fera faict des prefents articles, & fans que ledit enregiftrement puiffe
preiudicier aux interefts ciuils des parties, pour
lefquels ils fe pouruoiront ainfi que de raifon.
Et pour le regard de la ville de Millau, les Catholiques tant Ecclefiaftiques que autres y pourront faire leur demeure & refidence, & continuer le feruice diuin en toute feureté. Le Roy les
mettant en la garde de ceux de la Religion pretendue reformée qui en demeureront refpon-
fables.

VIII. La dame Daudoux & le fieur de fainéte
Foy, enfemble ceux qui les ont affiftées demeureront entierement defchargez de tout ce qui
leur peut eftre imputé à caufe de ce qui fe paffa
à Beleftat l'année 1613. Ce qui fera efteint, abo-
ly & fuprimé, & fans que pour l'enterinement
de la grace ou defcharge qui en a efté ou fera expediée, ils foiét tenus fe mettre é eftat dót ils fe-
rót difpéfez & defchargez à la charge: auffi de l'in-
tereft ciuil s'il y efchet, & que les habitás qui fót
profeffion de la Religion pretenduë reformée y
pourront faire leur demeure en toute feureté &
liberté, & y faire l'exercice de leur Religion felon qu'elle leur eft permife par les Edits, lefquels demeureront en la garde des Catholiques.

IX. Le fieur d'Aradon fera reftably dans le
gouuernement de la ville de Vannes, lequel re-
ftabliffement fera faict par le Gouuerneur &
Lieutenant general de la prouince.

X. La declaration qui a esté expediée en fa-
ueur du sieur de Borne, au preiudice de la charge du grãd Maistre de l'artillerie sera reuoquée,
& ladite charge remise en la mesme authorité &
fonction, dont ont iouy les grands Maistres qui
l'ont cy-deuant exercée.

XI. Les sieurs Marquis de Bonniuet & de
Friaize seront deliurez & mis en liberté, & seront toutes informations & procedures com-
mencées à l'encôtre d'eux, à cause & en suite des
presents troubles nulles & de nul effect & va-
leur.

XII. Maistre Nicolas Cugnois Receueur pro-
uincial des decimes de Bourgongne en Bourgongne, demeurera deschargé, ensemble ses
cautions & certificateurs de la somme de 21. mil
liures qu'il auoit esté contrainct de payer &
fournir à Monsieur le Duc de Mayenne, tant
des deniers de ladite recepte des decimes que de
la consignation qu'il estoit poursuiuy faire au
Chastelet de Paris, de la somme de six mil quatre
cens liures, pour le pris de la vente dudit office
ou des années restans à exercer d'iceluy, sans
que pour ce ledit Cugnoys soit tenu de rappor-
ter aucun procez verbal de ladite contrainte,
dont il est dispensé, attendu la declaration que
ledit sieur Duc de Mayenne a faicte d'auoir re-
ceu ladite somme de 21. mil liures dudit Cu-
gnyos, & icelle employée aux affaires de la guerre dont ledit Cugnois demeurera vallablement
deschargé enuers le Receueur general du Clergé de France. Celuy des consignations dudit

Chaftellet & tous autres en vertu de la quittan-
ce dudit fieur Duc de Mayenne, le ladite fomme de 21. mil liures qui feruira auff. de defcharge
aufdits Receueurs.

XIII. La commiffion qui a eftÉ expediée
pour le razement du Chafteau de Tigly en An-
jou, fera reuoquée fi ja elle ne l'a efté.

XIV. Monfieur le Duc de Vendofme, enfemble tous fes domeftiques, ceux de fa compagnie
de gendarmes, & ceux de la compagnie de che-
uaux Legers qui a efté foubs le tiltre de Monfieur le Duc de Mercure fon fils, & qui a efté
commandée par le fieur de la Vacre Chiuray,
enfemble les fieurs Marquis Doiffan, d'Aradon,
Baron de Queruenau, Baron de Vieux- Chafteau, & les vefues & enfans du fieur d'Oer-
uaux & du fieur de Camores auront Euocation
de tous les procez & differends tant ciuils
que criminels qu'ils ont ou pourroient auoir
en deffendant en la Cour de Parlement
de Rennes, & iceux proces feront renuoyez
au grand Confeil, & ce pour vn an, dont feront
expediées les lettres d'euocation pour ce necef-
faires foubs le contrefel defquelles fera attaché
l'eftat tant defdits domeftiques que defdites
compagnies.

XV. Le Roy accorde à Monfeigneur à le prince de Condé tant pour luy que pour les autres
Princes & Seigneurs tant Catholiques que de
la Religion pretendue reformée qui fe font
ioincts & vnis auec luy la fomme de quinze
cent mil liures, tant pour le payement des le-

bles & entreteuemens & licentiemens des gens
de guerre, qu'autres frais & despence de ladite
guerre.

Faict & arresté par le Roy estant en son Conseil, la Royne sa mere presente, le sixiesme iour
de May mil six cens seize.

Signé

LOVYS.

Et plus bas

POTHIER.

Soubs le contreseel de l'Edit.

www.ingramcontent.com/pod-product-compliance
Lightning Source LLC
LaVergne TN
LVHW051329200726
843510LV00002B/579